Hauptgerichte & Beilagen

Süßspeisen & Powersnacks

Service

Gesund vegan kochen, vollwertig genießen

Als ich anfing, mehr Sport und Fitness in mein Leben zu integrieren, begann ich automatisch auch auf eine gesunde und proteinreiche Kost zu achten. Ich esse vegan – und auch wenn es kein Problem ist, seinen Proteinbedarf zu decken, habe ich mich bei all den Soja- und Seitanprodukten nach etwas mehr Abwechslung und echten Alternativen gesehnt. So habe ich mich umgesehen und bin auf die Süßlupine gestoßen. Mir selbst war die Lupine vor ein paar Jahren noch vollkommen unbekannt und auch heute kennen sie viele Menschen nur als Zierpflanze. Ich wurde neugierig und je mehr ich mich mit ihr beschäftigte, je mehr ich recherchierte, desto klarer wurde mir, wie unglaublich gesund die Süßlupine ist. Ich beschloss, sie in meine Ernährung einzubauen. Damit begann meine Suche nach Rezepten mit Lupinenmehl, Lupinenschrot und Co. Und ich stellte recht schnell fest, dass es nur sehr wenige Rezepte gab, welche die Lupine in den Fokus setzten. Verdient hatte sie es aber! Also begann ich, selbst zu experimentieren und meine eigenen Rezepte zu entwickeln. Und so entstand dieses Buch.

Mit „**Lupinen-Power**" möchte ich mehr Vielfalt in eine pflanzliche, proteinreiche Ernährung bringen und den Mythen „Veganern fehlt Protein" und „als Veganer isst man nur Tofu" etwas entgegenstellen. Deshalb möchte ich euch hier meine Lieblingsrezepte vorstellen und euch in die tolle Welt der Lupine entführen.

Ich wünsche euch ganz viel Spaß beim Nachkochen, lasst es euch schmecken!

Eure Elisa

Was ist die Lupine?

Sie ist eine heimische Pflanze und gehört zu den Schmetterlingsblütlern, also zur Familie der Hülsenfrüchtler. Daher ist sie beispielsweise eng mit Erbsen, Bohnen und Linsen verwandt.

Spricht man von „Lupinen", ist das lediglich ein Überbegriff für verschiedene Pflanzenarten – ähnlich dem Kohl, der trotz verschiedenen Aussehens und Geschmacks Rotkohl, Rosenkohl, Blumenkohl und Brokkoli zusammenfasst. Die Lupine gibt es – je nach Art – einerseits als Zier- und Wildpflanze, andererseits aber auch als Gemüse- und Futterpflanze. In Mitteleuropa werden drei verschiedene Lupinenarten angebaut: die Gelbe (*Lupinus luteus*), die Blaue oder Schmalblättrige (*Lupinus angustifolius*) und die Weiße Lupine (*Lupinus albus*).

Die Süßlupine

Als Wildform haben die genannten Lupinenarten mit 1–4 % einen recht hohen Gehalt an giftigen Bitterstoffen (Alkaloiden). Die Lupinenalkaloide gehören zu den sekundären Pflanzeninhaltsstoffen und schützen die Pflanze beispielsweise vor Krankheiten oder Schädlingen. Dadurch sind die Wildformen der Lupine für den Menschen nicht verträglich.

Aufgrund ihrer hohen Nährstoffdichte und ihres guten Wachstums auf heimischem Boden hat man sich jedoch bemüht, bitterstoffarme Lupinen zu züchten, die dann für den Menschen genießbar waren. Erste Sorten wurden ab 1927 in Europa kultiviert.

Spricht man von bitterstoffarmen Lupinen, ist die Rede von der Süßlupine, welche einen Alkaloidgehalt von weniger als 0,05 % hat. Die für den Menschen zum Verzehr geeigneten Süßlupinen haben einen noch niedrigeren Gehalt an Alkaloiden, nämlich weniger als 0,02 %. Inzwischen gibt es von der blauen, gelben und weißen Art bitterstoffarme Sorten, welche an das deutsche Klima angepasst sind und sowohl geschmacklich als auch gesundheitlich sogar besser verträglich sind als Sojabohnen. In diesem Zusammenhang wurde das Fraunhofer-Institut für Verfahrenstechnik und Verpackung im Jahr 2014 mit dem Deutschen Zukunftspreis ausgestattet. Es entwickelte ein Verfahren, mit dem man die Bitter- und Giftstoffe aus der Pflanze entfernen kann und dadurch ein hochwertiges proteinreiches Lebensmittel erhält.

Die Weiße Süßlupine wird oftmals wegen ihres neutralen Geschmacks bevorzugt, jedoch hat sich die Blaue Süßlupine aufgrund ihrer geringeren Anfälligkeit für Schädlinge in den letzten Jahren zu der wichtigsten Lupinenart in Deutschland entwickelt. Die Süßlupine hat einen Proteinanteil von 36–48 % und dient gleichzeitig mit ihrem niedrigen Fett- und Kohlenhydratgehalt dem Muskelaufbau und der Fettverbrennung. Proteine, auch Eiweiße genannt, bilden die Grundstoffe des Lebens. Sie erfüllen lebenswichtige Funktionen in unserem Körper, sind Bestandteil fast aller Organe, Enzyme und Hormone und regeln somit den Stoffwechsel und sämtliche Körperfunktionen. Die Lupine hat ein vollständiges Aminosäurenprofil mit einer Wertigkeit von 60. Mit der biologischen Wertigkeit ist nicht, wie oft angenommen, die Qualität der Proteine gemeint oder deren Verträglichkeit für den Körper, sondern ihr Aminosäurenprofil. Dies bedeutet, dass alle essenziellen Aminosäuren (Valin, Methionin, Leucin, Isoleucin, Phenylalanin, Tryptophan, Threonin und Lysin) in der Lupine enthalten sind. Kombiniert man diese mit Getreide, hat man eine nahezu ideale Eiweißzusammensetzung. Am Proteingehalt gemessen kann sie sich leicht gegen die Sojabohne behaupten und unterbietet letztere sogar im Fettgehalt (4–7 %). Der hohe Eiweißgehalt sorgt für eine schnellere Sättigung und führt deshalb zu einer Kalorienreduktion. Als Zutat in Backwaren dient sie quasi automatisch dem Gewichtsverlust und wirkt „Fressattacken“ entgegen.

Süßlupinenmehl

Mikronährstoffe der Süßlupine

Die Süßlupine enthält reichlich Antioxidantien, Carotinoide und Vitamin E, welche die Fettsäuren vor Oxidation schützen und wichtig für die Regeneration des menschlichen Körpers sind. Sie gelten als Radikalfänger und befreien den Körper von Stress, welcher mit einem schnell voranschreitenden Alterungsprozess und diversen Krankheiten in Verbindung gebracht wird. Ebenfalls dient die Lupine als gute Quelle für Mineralien und Spurenelemente, insbesondere für Kalium, Calcium, Magnesium und Eisen. Deshalb ist sie ideal für Sportler geeignet und hilft dem Körper nicht nur durch einen hohen und vollwertigen Eiweißanteil beim Muskelaufbau, sondern unterstützt ihn auch auf Zellebene.

Weitere Vorteile

Die Süßlupine hat einen niedrigen glykämischen Index. Dies bedeutet, dass die Kohlenhydrate dem Körper nur langsam zur Verfügung gestellt werden und daher keine starke Erhöhung des Blutzuckerspiegels hervorgerufen wird. Da die Lupine kein Gluten enthält, ist sie ebenfalls für Menschen mit Zöliakie geeignet oder für diejenigen, die Gluten meiden. Hinzu kommt, dass die Lupine im Vergleich zu anderen Hülsenfrüchten nur einen geringen Anteil an blähenden Substanzen hat. Im Gegensatz zur Sojabohne enthält sie kaum Allergene und ist dadurch deutlich verträglicher.
Zuletzt ist sie auch aus nachhaltiger Sicht im klaren Vorteil, da sie auf heimischem Boden wächst. Sie besitzt kräftige Wurzeln, mit denen sie auch harte Böden durchdringt, ihn lockert und mit ihren Stoffwechselprodukten düngt. Sie bindet den Stickstoff aus der Luft und wandelt ihn in Stickstoffdünger um. Somit können im Folgejahr auch andere Nutzpflanzen und Folgekulturen besser wachsen. Außerdem kann die Lupine zur Gründüngung genutzt werden und somit für eine bessere Bodenqualität sorgen. Auf den ausklappbaren Umschlagseiten findet ihr noch viele weitere Informationen zum Eiweißwunder Süßlupine.

Details zu den Rezepten

Bevor es nun endlich losgeht und das große Lupinenkochen beginnt, möchte ich euch vorab noch ein paar Informationen zu den Rezepten geben.

- Die Nährwertangaben beziehen sich jeweils auf eine Portion und können, je nach Lebensmittel, natürlichen Schwankungen unterliegen.
- Ich bin selbst kein Freund von Kochbüchern, für die man erst einmal einen Großeinkauf starten muss, um sich mit den Zutaten einzudecken. Das kostet nur unnötig viele Nerven, Geld und vor allem Platz in der Küche. Deshalb sind die Zutaten natürlich gegen Ähnliches austauschbar. Solltet ihr beispielsweise keine Datteln zu Hause haben, könnt ihr in vielen Fällen einen Sirup, euer Lieblings-Süßungsmittel oder andere Trockenfrüchte verwenden. Auch müsst ihr nicht den ganzen Laden nach speziellen Gewürzen absuchen – nehmt einfach, was ihr da habt. Fehlt euch z. B. italienisches Gewürz? Dann könnt ihr das Gericht mit Basilikum, Thymian und Co. abschmecken.
- Die Portionsangaben sind an eine „Serviergröße“ angepasst. Daher kann es sein, dass starke Esser mehr als eine Portion benötigen, um satt zu werden.

- In manchen Rezepten verwende ich Pflanzendrinks und Pflanzenjoghurt. Hier könnt ihr Haferdrink, Lupinendrink, Sojadrink oder andere Sorten nehmen. Beim Joghurt bevorzuge ich zuckerfreien Soja- und Lupinenjoghurt.
- Erythrit und Xylit verwende ich in den Rezepten als sogenannte Zuckeraustauschstoffe, da ich in meiner Küche keinen Haushaltszucker verwende. Erythrit und Xylit sind im Internet oder im gut sortierten Supermarkt erhältlich. Wer statt der Austauschstoffe lieber Zucker nehmen möchte, kann das Xylit mit derselben Menge Zucker ersetzten. Statt Erythrit nimmt man eine etwa 20 % kleinere Menge an Zucker.
- Dieses Buch ist komplett auf die Lupine ausgerichtet, deshalb verzichte ich bei manchen Rezepten auf die komplette Ausarbeitung der Mahlzeiten, wie z. B. bei Bratlingen oder Knödeln, welche für ein komplettes Gericht weitere Beilagen benötigen. Auch möchte ich nicht vorschreiben, wie jemand seine Lieblingspizza belegt und konzentriere mich daher auf die Zubereitung des Bodens, da dies das besondere an der Pizza darstellt.

Ich hoffe, dass ihr nach alle den Informationen und nach dem Blick in die Rezepte meine Begeisterung für die Süßlupine teilen werdet. Sie sollte in keiner gesunden und vollwertigen pflanzlichen Küche fehlen. Viel Freude mit meinen Rezepten!

Süßlupinensamen

Frühstück & Basics

Egal, ob es morgens eher hektisch oder gemütlich zugeht, ein gesundes und nährstoffreiches Frühstück sollte nicht fehlen! Denn besonders eine eiweißreiche Mahlzeit am Morgen erweckt den Geist und gibt einem Power für den Tag. Sowohl für Naschkatzen als auch für die etwas herberen Genießer sind hier die passenden Rezepte dabei.

Bananenpancakes

Typisch amerikanisch

Für alle Bananenliebhaber, hier der perfekte und gesunde Start in den Tag! Viele gute Kohlenhydrate kombiniert mit dem Eiweiß der Lupine lassen einen voller Energie in den Tag starten!

30 Minuten

Für 1 Portion

1 Banane
1 getrocknete Dattel
150 ml Pflanzendrink
50 g Buchweizenmehl
50 g Lupinenmehl
½ Pk. Backpulver
1 TL Bourbon-Vanille

- Banane und Dattel zusammen mit dem Pflanzendrink pürieren, dann die restlichen Zutaten unterrühren. Sollte der Teig noch etwas zu fest sein, kann man noch etwas Pflanzendrink oder Wasser hinzugeben.
- Den Ofen auf 200 °C Ober-/Unterhitze vorheizen. Ein Backblech mit Backpapier belegen, den Teig portionsweise daraufgeben und mit einem Löffel zu kleinen Fladen formen. Von beiden Seiten jeweils ca. 10 Minuten ausbacken. Zum Wenden die Pancakes mitsamt des Backpapiers auf ein weiteres Backpapier stülpen, dann das obere Papier vorsichtig abziehen.
- Besonders gut passen diese Pancakes zu frischen Beeren und Lupineneiscreme (Rezept auf Seite 115).

Tipp *Um die Pancakes leichter wenden zu können, bietet es sich an, das Backpapier mit etwas Öl zu bestreichen. Dann lassen sich die Pancakes leichter lösen.*

NÄHRWERTE

Brennwert: 450 kcal
Kohlenhydrate: 87 g
Fett: 7 g
Eiweiß: 31 g

Kürbispancakes

Die herbstliche Variante

Besonders dann, wenn es langsam auf den Winter zugeht, gibt es an jeder Ecke superleckeren Kürbis zu kaufen. Hier mal eine komplett andere Variante, dieses Gemüse in Szene zu setzen.

- Den Ofen auf 200 °C Ober-/Unterhitze vorheizen. Kürbis in Stücke schneiden und mit dem Wasser mixen, bis es einen sämigen Brei ergibt. Falls ihr einen Bio-Kürbis habt, könnt ihr die Schale ruhig mitverwenden – falls nicht, den Kürbis am besten schälen.
- Dann die restlichen Zutaten hinzugeben und gut durchrühren. Ein Backblech mit Backpapier belegen, den Teig mit einem Löffel daraufgeben und zu kleinen Fladen formen. Von beiden Seiten jeweils ca. 10–15 Minuten backen.
- Die Pancakes mit dem Backpapier auf ein weiteres Stück Backpapier wenden und dann das obere Papier vorsichtig abziehen.
- Ich esse diese Pancakes am liebsten mit leicht angebratenen Äpfeln und Banane.

30 Minuten

Für 1 Portion

50 g Hokkaido-Kürbis
200 ml Wasser
50 g Lupinenmehl
20 g Buchweizenmehl
1 TL Zimt
1 EL Agavendicksaft
1 TL Backpulver

NÄHRWERTE

Brennwert: 270 kcal
Kohlenhydrate: 40 g
Fett: 6 g
Eiweiß: 25 g

Spinatpancakes

Greensmoothie mal anders!

Für alle, die gerne ganz besonders vital und nährstoffreich den Tag beginnen wollen, ist dies eine super Alternative zum klassischen Smoothie! Die wundervolle grüne Farbe verleiht diesen Pancakes das Tüpfelchen auf dem i.

30 Minuten

Für 2 Portionen

100 g frischer Spinat
2 getrocknete Datteln
500 ml Wasser
100 g Haferflocken
100 g Lupinenmehl
1 Pk. Backpulver
1 TL Kurkuma

- Den Ofen auf 200 °C Ober-/Unterhitze vorheizen. Spinat gründlich waschen und zusammen mit Datteln und Wasser pürieren. Haferflocken in einem Mixer mahlen und dann die restlichen Zutaten unterrühren, dabei eventuell noch etwas Wasser für die richtige Konsistenz hinzugeben.
- Mit einem Löffel den Teig portionsweise auf ein mit Backpapier belegtes Backblech geben und zu kleinen Fladen formen. Von beiden Seiten jeweils ungefähr 10–15 Minuten ausbacken. Zum Wenden das Backpapier mit den Pancakes kopfüber auf ein weiteres Backpapier legen, dann das obere Papier abziehen.
- Als toller Farbkontrast lassen sich diese Pancakes besonders gut mit warmen Kirschen servieren.

Tipp Alternativ können die Spinatpancakes, wie auch die Bananen- und Kürbispancakes von den vorhergehenden Seiten, in einer eingefetteten Pfanne bei mittlerer Hitze gebraten werden. Dort ist das Wenden jedoch schwieriger. Deshalb bereite ich meine Pancakes am liebsten im Ofen zu.

NÄHRWERTE

Brennwert: 370 kcal
Kohlenhydrate: 54 g
Fett: 8 g
Eiweiß: 29 g

Müslimuffins

Muffins am Morgen vertreiben Kummer und Sorgen

Wenn es morgens einmal schnell gehen soll, sind diese Muffins perfekt, denn sie lassen sich gut vorbereiten! Sie erinnern an das klassische Müsli – nur zum Mitnehmen – und lassen auch das zweite Frühstück außer Haus zum Genuss werden.

- Den Backofen auf 180 °C Umluft vorheizen.
- Getrocknete Pflaumen und Bananen in kleine Stücke schneiden und mit den restlichen Zutaten zu einem Teig vermengen.
- Den Teig in Muffinförmchen füllen und 20–25 Minuten backen.

40 Minuten

Für 12 Stück

80 g Trockenpflaumen
2 Bananen
120 g Lupinenmehl
120 g Haferflocken
2 TL Backpulver
400 g Pflanzenjoghurt
80 ml Wasser

NÄHRWERTE

Brennwert: 124 kcal
Kohlenhydrate: 15 g
Fett: 2,6 g
Eiweiß: 7,1 g

Apfel-Lupinen-Grießbrei

Erinnert an Omas Zeiten

Besonders schön im Herbst oder Winter: In eine Wolldecke gemummelt lässt man sich den Grießbrei schmecken und genießt die wohltuende Wärme von innen und außen.

50 Minuten

Für 2 Portionen

60 g Mandeln ohne Haut
500 ml Wasser
60 g Lupinenmehl
60 g Dinkelgrieß
100 g Erythrit
2 TL Bourbon-Vanille
2 TL Zimt
3–4 Äpfel

- Mandeln ca. 20 Minuten in etwas Wasser einlegen, gründlich abspülen und zusammen mit 500 ml Wasser pürieren.
- Die so entstandene Mandelmilch in einen Topf geben und zusammen mit den restlichen Zutaten (bis auf die Äpfel) vermengen. Den Brei bei mittlerer Temperatur und unter ständigem Rühren 15 Minuten köcheln lassen.
- Dann die Äpfel klein schneiden und unterrühren. Weitere 5 Minuten köcheln lassen und warm servieren.

NÄHRWERTE

Brennwert: 530 kcal
Kohlenhydrate: 66 g
Fett: 19,9 g
Eiweiß: 20,7 g

Schoko-Porridge

Good morning Britain!

Für alle Schokoladenliebhaber genau das Richtige am Morgen! So wird auf gesunde Weise Heißhunger im Laufe des Vormittags vermieden. Für einen entspannten Start in den Tag!

- Cashewkerne zusammen mit dem Wasser in einem Mixer pürieren, bis das Wasser eine schöne weiße Farbe angenommen hat. Die so entstandene Cashewmilch zusammen mit den Dinkelflocken aufkochen lassen. Lupinenmehl, Kakaopulver und Reissirup unterrühren und bei mittlerer Hitze leicht köcheln lassen.
- Bananen klein schneiden und unterheben, dann mit Zimt und Vanille abschmecken.

15 Minuten

Für 2 Portionen

50 g Cashewkerne
600 ml Wasser
6 EL Dinkelflocken
6 EL Lupinenmehl
2 TL Kakaopulver
6 EL Reissirup
4 Bananen
1 TL Zimt
2 TL Bourbon-Vanille

NÄHRWERTE

Brennwert: 620 kcal
Kohlenhydrate: 90 g
Fett: 17 g
Eiweiß: 25 g

Heidelbeer-Porridge

Die fruchtige Variante!

Heidelbeeren sind nicht nur superlecker, sondern auch absolut gesund! Sie fangen die freien Radikale im Körper, stärken das Immunsystem – und das enthaltene Vitamin E wird sogar als Schönheitsvitamin bezeichnet! Was will man mehr?

15 Minuten

Für 1 Portion

3 EL Haferflocken
30 g Lupinenmehl
100 ml Pflanzendrink
200 g Heidelbeeren
½ TL Zimt
6–7 Tropfen Stevia
½ TL Bourbon-Vanille
5 g gehackte Mandeln

- Haferflocken in einem Mixer mahlen und zusammen mit dem Lupinenmehl, dem Pflanzendrink und 150 g Heidelbeeren ca. 5 Minuten in einem Topf aufkochen lassen. Dabei immer wieder gut umrühren.
- Mit Zimt, etwas Stevia und Vanille würzen und mit den restlichen Heidelbeeren und den gehackten Mandeln anrichten.

NÄHRWERTE

Brennwert: 360 kcal
Kohlenhydrate: 50 g
Fett: 10 g
Eiweiß: 21 g

Rühr-„Ei"

Für das Sonntagsfrühstück oder zum Brunch

Für alle, die es deftig zum Frühstück mögen, ist dies das passende Rezept! Rührei ist ein wahrer Klassiker, den ihr hier als vegane Alternative genießen könnt. Das Kala Namak, auch Steinsalz genannt, sorgt für den schwefeligen Geschmack und erinnert somit tatsächlich an echte Eier.

- Wen die etwas harten Schalen der Lupinen stören, entfernt diese am besten, indem er die Schale leicht einschneidet und die Samen herausdrückt. Ansonsten die Lupinen abgießen und direkt in den Mixer geben und zerkleinern, jedoch nicht zu einem Brei verarbeiten, sondern stückig lassen.
- Frühlingszwiebeln klein schneiden und im Olivenöl glasig dünsten, dann die Lupinen hinzugeben und mit den restlichen Zutaten abschmecken.

Tipp Lupinensamen kann man bereits im Glas eingelegt kaufen, alternativ kann man die Samen auch über Nacht in Wasser einweichen lassen, diese schmecken dann deutlich „bohniger". Übrigens: Ein paar Tomatenstücke verleihen dem Lupinen-Rühr-„Ei" eine schöne fruchtige Frische.

15 Minuten

Für 2 Portionen

200 g eingelegte Lupinen (siehe Tipp)
2 Frühlingszwiebeln
2 TL Olivenöl
Paprikagewürz, edelsüß
Pfeffer
Kala Namak (Steinsalz)
Petersilie
2 TL Sojasoße

NÄHRWERTE

Brennwert: 200 kcal
Kohlenhydrate: 9 g
Fett: 12 g
Eiweiß: 11 g

Mohnbrötchen

Ein wandelbares Rezept für Kreative

Brötchen zum Frühstück sind ein wahrer Klassiker und eines meiner absoluten Lieblingsrezepte! Diese Variante ist frei von Weizenmehl und kann sogar glutenfrei zubereitet werden. Der leicht nussige Geschmack durch die Hanfsamen sorgt für ein ganz besonderes Geschmackserlebnis und passt hervorragend zu süßen Aufstrichen.

45 Minuten

Für 4 Brötchen

40 g Hanfsamen
80 g Haferflocken
120 g Lupinenmehl
2 TL Backpulver
2 Prisen Salz
200 g Pflanzenjoghurt
40 g Mohn

- Den Backofen auf 200 °C Ober-/Unterhitze vorheizen. Hanfsamen und Haferflocken im Mixer mahlen und mit dem Lupinenmehl, Backpulver und Salz mischen. Den Joghurt unterheben und alles zu einem Teig kneten. Sollte der Teig zu trocken sein, noch etwas Joghurt hinzugeben.
- Vier Brötchen formen. Dafür die Hände mit etwas Wasser anfeuchten. Die Brötchen mit Mohn bestreuen und mit einem Messer einen Schlitz einschneiden. Im Ofen etwa 25–30 Minuten backen, dann gut abkühlen lassen.

Tipp Anstelle von Mohn kann man die Brötchen auch gerne mit anderen Samen oder Körnern bestreuen. Sesam passt beispielsweise sehr gut.

NÄHRWERTE

pro Brötchen

Brennwert: 255 kcal
Kohlenhydrate: 30 g
Fett: 7 g
Eiweiß: 20 g

Leinsamenbrötchen

Der Low-Carb-Star!

Einfach, lecker und supergesund! Leinsamen sind voller wichtiger und entzündungshemmender Omega-3-Fettsäuren, welche essenziell für den Körper sind. Ihre ebenfalls hohe Ballaststoffdichte hilft bei der Verdauung und wirkt langanhaltend sättigend. Ein absolutes Highlight der Low-Carb-Küche.

- Den Ofen auf 180 °C Umluft vorheizen. Leinsamen in einem Mixer mahlen, bis Leinsamenmehl entsteht.
- Nun alle Zutaten vermengen und 15 kleine Brötchen formen. Dies gelingt am besten, wenn man seine Hände leicht anfeuchtet, jeweils eine kleine Kugel formt und diese auf einem Backblech platt drückt.
- Die Brötchen für 25–30 Minuten goldbraun backen.

50 Minuten

Für 15 Brötchen

200 g Leinsamen
200 g Lupinenmehl
500 g Pflanzenjoghurt
1 Pk. Backpulver
1 Prise Salz

NÄHRWERTE

pro Brötchen

Brennwert: 128 kcal
Kohlenhydrate: 5 g
Fett: 6 g
Eiweiß: 9 g

Dinkelbrot

Einfach, schnell und lecker!

Schnell gemacht und ideal für den unerwarteten Besuch! Dieses Brot eignet sich auch hervorragend als klassisches Pausenbrot. Es schmeckt besonders gut getoastet und hält sich locker zwei bis drei Tage.

45 Minuten

Für 1 kleines Brot (ca. 10 Scheiben):

150 g Dinkelmehl
100 g Lupinenmehl
250 ml Pflanzendrink
1 Pk. Backpulver
1 Prise Salz

- Ofen auf 200 °C Ober-/Unterhitze vorheizen.
- Alle Zutaten vermengen und zu einem Teig kneten.
- Ein Brotlaib formen und auf ein mit Backpapier ausgelegtes Backblech legen. In der Mitte des Brotes längs einen kleinen Schnitt machen und das Brot etwa 30 Minuten lang goldbraun backen.

NÄHRWERTE

pro Scheibe
Brennwert: 95 kcal
Kohlenhydrate: 15 g
Fett: 1 g
Eiweiß: 6 g

Fruchtaufstrich

Der fruchtige Proteinlieferant

Für alle, die Marmeladen lieben und nach einer kalorienarmen und dennoch fruchtigen Alternative suchen! Das Lupinenschrot verleiht dem Aufstrich eine leicht crunchige Konsistenz und sorgt für die extra Portion Eiweiß.

50 Minuten

Für ca. 15 Portionen

30 g Lupinenschrot
150 g rote Johannisbeeren
½ Banane
5 getrocknete Datteln

- Lupinenschrot ca. 30 Minuten in heißem Wasser einweichen lassen. Beeren und Banane in einen Topf geben und ca. 5 Minuten leicht aufkochen, aber nicht verkochen lassen. Dann das Lupinenschrot gut abspülen und zusammen mit den Datteln zum gekochten Obst geben.
- Alles zusammen pürieren, dabei können ruhig kleine Lupinenstücke übrig bleiben. Abkühlen lassen und zum frischen Brot genießen.

NÄHRWERTE

Brennwert: 21 kcal
Kohlenhydrate: 3 g
Fett: 0 g
Eiweiß: 1 g

Schokoladenaufstrich

Für Naschkatzen!

Liebt ihr auch Süßes so wie ich? Dann habe ich hier eine zum Verwechseln ähnliche Alternative zur normalen Nuss-Nougat-Creme! Meine Streichcreme ist voller wichtiger Nähr- und Vitalstoffe und komplett frei von Palmöl, raffiniertem Zucker oder Geschmacksverstärkern.

10 Minuten + über Nacht einweichen

Für ca. 15 Portionen

100 g Haselnüsse
100 g Lupinenmehl
10 getrocknete Datteln
30 g Kokosöl
4 EL Kakaopulver
1 Prise Salz
echte Bourbon-Vanille nach Geschmack

- Haselnüsse über Nacht in Wasser einweichen, dann das Wasser abschütten. Alle Zutaten zusammen in den Mixer geben und gut durchmixen. Je nach Mixer eventuell zwischendurch etwas durchrühren und dann weiter mixen, bis eine homogene Masse entsteht.

NÄHRWERTE

Brennwert: 130 kcal
Kohlenhydrate: 8 g
Fett: 9 g
Eiweiß: 4 g

Paprikaaufstrich

Der Alleskönner

Dieser Aufstrich ist absolut flexibel: Denn er ist nicht nur zum Brot lecker, sondern kann auch zu Gemüsesticks gereicht werden. Er kann sogar von Klein und Groß pur als Brei gegessen werden.

- Die Kartoffeln schälen und in kleine Stücke schneiden und 10 Minuten köcheln lassen, dann die Paprika klein schneiden und zusammen mit dem Lupinenschrot hinzufügen. Nochmals 10 Minuten köcheln lassen.
- Eine Pfanne mit dem Olivenöl erhitzen, Zwiebeln würfeln und glasig dünsten und mit den restlichen Zutaten vermengen. Alles zusammen im Mixer oder mit dem Pürierstab pürieren. Mit Salz und Pfeffer abschmecken.

35 Minuten

Für ca. 15 Portionen

40 g Kartoffeln
150 g Paprikaschote
40 g Lupinenschrot
1 EL Olivenöl
1 Zwiebel
1 EL Balsamico-Essig
Salz
Pfeffer

NÄHRWERTE

Brennwert: 22 kcal
Kohlenhydrate: 1,4 g
Fett: 1 g
Eiweiß: 1,3 g

Lupinenmilch

Für absolute Lupinenfans!

Dies ist ein ganz pures Rezept für die wirklichen Lupinenfans, denn im Gegensatz zum Lupinendrink im Supermarkt, besteht dieser nur aus Lupine und Wasser und verzichtet auf die Beisetzung von Geschmacksträgern.

2 Stunden

Für 2 Portionen

50 g Lupinenschrot
500 ml Wasser

- Lupinenschrot und Wasser zusammen in einen hohen Behälter geben und quellen lassen. Zwischendurch das Wasser ein- bis zweimal austauschen. Nach 2 Stunden Quellzeit erneut das Wasser abgießen und 500 ml neues Wasser hinzugeben. Nun das Gemisch im Mixer 2–3 Minuten zerkleinern.
- Über eine Schüssel oder ein Gefäß mit weiter Öffnung ein sauberes Stück Stoff, z. B. ein Geschirrtuch, legen und das Lupinengemisch nach und nach durch das Tuch „sieben". Am Ende die restliche Flüssigkeit aus dem Küchentuch pressen – schon ist die Lupinenmilch fertig.

Tipp Da die Lupinenmilch sehr „bohnig" und etwas bitter schmeckt, mundet sie vielen pur nicht so gut. Allerdings schmeckt sie super, wenn man eine Banane oder anderes Obst mit hineinmixt oder mit ein paar getrockneten Datteln süßt. Je länger die Lupinen eingeweicht werden und je öfter das Wasser getauscht wird, desto weniger bitter wird die Milch.

NÄHRWERTE

Es können keine Angaben gemacht werden, da ein Großteil des Schrotes im Tuch verbleibt und somit die Nährwerte schwanken.

Eiskaffee

Erinnert an Sonne, Strand und Urlaub

Jeder kennt den klassischen Eiskaffee, doch dieser ist frei von raffiniertem Zucker und enthält sogar noch eine Extraportion hochwertiges Eiweiß! Anstelle von normalem Espresso kann man auch gerne Lupinenkaffee nehmen. Dieser ist koffeinfrei und deutlich besser verträglich.

- Alle Zutaten mixen und mit Eiswürfeln servieren.

20 Minuten

Für 2 Portionen

200 ml Espresso, abgekühlt
4 EL Lupinenmehl
2 getrocknete Datteln
200 ml Pflanzendrink
Eiswürfel

NÄHRWERTE

Brennwert: 108 kcal
Kohlenhydrate: 18 g
Fett: 3 g
Eiweiß: 10 g

Bananenpowersmoothie

Ein wahrer Energiekick

Dieser Smoothie sollte vor allem alle Bananenfans überzeugen und liefert jede Menge Energie! Das Acaipulver versorgt einen zusätzlich mit Vitamin C und verleiht diesem Smoothie die Kraft eines Superfoods!

10 Minuten

Für 1 Portion

1 Banane
3 Trockenpflaumen
3 EL Lupinenmehl
250 ml Pflanzendrink
½ TL Zimt
½ TL Acaipulver
½ TL Bourbon-Vanille

- Alle Zutaten in den Mixer geben und gut pürieren. Am besten direkt nach dem Zubereiten frisch genießen.

NÄHRWERTE

Brennwert: 390 kcal
Kohlenhydrate: 46 g
Fett: 9 g
Eiweiß: 20 g

Beerensmoothie

Der perfekte Sommermix!

Solltet ihr keine frischen Beeren zu Hause haben, könnt ihr einfach Tiefkühlbeeren nehmen. Wenn ihr sie gefroren verwendet, bekommt ihr einen eiskalten und besonders im Hochsommer sehr erfrischenden Smoothie. Bei der Auswahl der Beeren sind euch keine Grenzen gesetzt!

- Alle Zutaten in den Mixer geben und gut zerkleinern. Nicht lange stehen lassen, am besten frisch genießen.

10 Minuten

Für 1 Portion

150 g Beerenmix
3 EL Lupinenmehl
5 getrocknete Datteln
200 ml Pflanzendrink

NÄHRWERTE

Brennwert: 244 kcal
Kohlenhydrate: 33 g
Fett: 9 g
Eiweiß: 19 g

Greenbowl

Grüner Nährstoffbooster

Green Power! Anstatt einen Smoothie zu trinken, kann man ihn auch einfach mal löffeln und ihn somit ganz besonders genießen. Dies ist ein klassisches High-Carb-Rezept und dennoch voller gesunder und essenzieller Omega-3-Fettsäuren aus den Chia-Samen.

25 Minuten

Für 2 Portionen

50 g Spinat
100 g Mango
10 Trockenpflaumen
3 EL Lupinenmehl
20 g Chia-Samen
300 ml Wasser

- Alle Zutaten in einen Mixer geben und gut zerkleinern. Um die Smoothiebowl löffeln zu können, den Smoothie etwa 15 Minuten stehen lassen (damit die Chia-Samen quellen können), bis die gewünschte Konsistenz erreicht ist.

NÄHRWERTE

Brennwert: 233 kcal
Kohlenhydrate: 36 g
Fett: 5 g
Eiweiß: 10 g

Hauptgerichte & Beilagen

In diesem Kapitel findet ihr einige Klassiker, die ihr vielleicht schon in ihrer ursprünglichen Rezeptur kennt – jedoch mit der Lupine aufgepeppt, enthalten diese Gerichte besonders viel Eiweiß und versorgen den Körper mit vielen Nährstoffen, ohne ihn zu belasten oder zu beschweren. Besonderer Pluspunkt: Die Lupine sorgt für eine schnelle und lang anhaltende Sättigung, ohne dabei träge oder müde zu machen.

Zucchinipuffer

Nicht nur die Kleinen werden sie lieben

Dieses Rezept erinnert mich immer an die traditionellen Kartoffelpuffer, die es jedes Jahr bei uns auf der Kirmes oder auf dem Weihnachtsmarkt zu kaufen gibt. Besonders Kinder mögen sie – und mit etwas Apfelmus oder Kräuterquark, ist der hohe Gemüseanteil fast nicht mehr zu merken.

- Backofen auf 200 °C vorheizen. Zucchini mit Schale mit einer Gemüsereibe klein reiben und alle Zutaten vermengen.
- Dann kleine Fladen auf Backpapier formen und 15 Minuten backen, wenden und weitere 15 Minuten backen.

60 Minuten

Für 2 Portionen

150 g Zucchini
50 g Lupinenmehl
15 g Johannisbrotkernmehl
Kräutersalz
Pfeffer

NÄHRWERTE

Brennwert: 90 kcal
Kohlenhydrate: 5 g
Fett: 3 g
Eiweiß: 11 g

Haferbratlinge

Ein idealer Snack für zwischendurch

Ihr sehr würziger Geschmack erinnert ein wenig an Buletten. Sie können sowohl warm als auch kalt gegessen werden und eignen sich somit sehr gut für ein Picknick im Grünen oder einfach für einen gesunden Snack zwischendurch.

30 Minuten

Für 2 Portionen

1 kleine Zwiebel
30 g Haferflocken
30 g Lupinenmehl
Salz
Pfeffer
Paprikagewürz, rosenscharf
Knoblauchpulver
100 ml Wasser
1 TL Olivenöl

- Die Zwiebel in kleine Würfel schneiden und zusammen mit den restlichen trockenen Zutaten vermengen. Anschließend das Wasser hinzugeben und zu einer Masse verrühren.
- Sechs kleine Bratlinge formen und bei mittlerer Hitze in etwas Öl goldbraun ausbraten.
- Dazu passen perfekt die Lupinenknödel von Seite 74 und frisch angebratenes Gemüse.

NÄHRWERTE

Brennwert: 130 kcal
Kohlenhydrate: 16 g
Fett: 4 g
Eiweiß: 9 g

Champignonburger

Fast Food mal anders

Dieser Burger ist eine absolute Eiweißbombe und überzeugt mit einem sehr geringen Fettanteil. Somit lässt er viel Spielraum für leckere Soßen und vielseitigen Belag.

- Champignons und Zwiebel in kleine Stücke schneiden und in einer beschichteten Pfanne anschwitzen. Wer mag kann dazu etwas Öl nehmen, es geht aber auch sehr gut ohne. Nun mit der Gemüsebrühe ablöschen und nach Belieben würzen. Das Lupinenmehl unterrühren, die Masse auskühlen lassen und in der Zwischenzeit den Backofen auf 180 °C vorheizen.
- Lupinenschrot in einem Mixer grobkörnig zerstoßen. Die Burger-Masse zu kleinen Buletten formen und in dem Lupinenschrot wenden. Diese auf einem mit Backpapier belegten Blech verteilen und 15 Minuten backen. Wenden und weitere 15 Minuten backen.

Tipp Ein Klassiker ist der Burger mit etwas Tomate und Gurke. Als Soße schmeckt eine Avocadocreme – das alles serviert im Leinsamenbrötchen von Seite 31, lecker!

75 Minuten

Für 2 Portionen

200 g Champignons
½ Zwiebel
200 ml Gemüsebrühe
Kala Namak (Steinsalz)
Paprikagewürz, edelsüß
Pfeffer
Salz
50 g Lupinenmehl
20 g Lupinenschrot

NÄHRWERTE

Brennwert: 150 kcal
Kohlenhydrate: 15 g
Fett: 2 g
Eiweiß: 18 g

Lupinenschnitzel

Das klassische Gericht als vegane Variante

Schon als kleines Kind habe ich wahnsinnig gern panierte Schnitzel gegessen. Seit ich mich vegan ernähre, weiche ich natürlich auf fleischlose, gesunde Varianten aus – wie diese hier!

30 Minuten

Für 2 Schnitzel

40 g Lupinenmehl
20 g Gluten
70 ml Wasser
1 EL Sojasoße
Salz
Kurkuma
Grillgewürz
Paprikagewürz, edelsüß
Chilipulver
20 g Dinkel-Paniermehl
1 EL Olivenöl

- Alle Zutaten, außer dem Paniermehl und dem Öl, vermengen und 10 Minuten ziehen lassen.
- Mit angefeuchteten Händen zwei Schnitzel formen und im Paniermehl vorsichtig wenden. Dazu am besten einen Pfannenwender benutzen, damit die Schnitzel nicht kaputt gehen. Eine beschichtete Pfanne mit dem Olivenöl bestreichen und die Schnitzel bei mittlerer Temperatur von beiden Seiten etwa 5 Minuten braten.
- Am liebsten esse ich dieses tolle Schnitzel ganz klassisch mit Kartoffelspalten und einem kleinen Salat.

Tipp Für etwas mehr Biss kann der Glutenanteil erhöht und der Lupinenmehlanteil zu gleichen Teilen gesenkt werden. Dadurch werden die Schnitzel etwas fester und erinnern noch mehr an das bekannte Wiener Schnitzel.

NÄHRWERTE

Brennwert: 200 kcal
Kohlenhydrate: 8,5 g
Fett: 9 g
Eiweiß: 16,8 g

Kokosbratlinge

Für Kokosliebhaber

Diese Bratlinge passen perfekt zu einem frischen fruchtigen Salat und bilden durch den leicht herben Geschmack einen tollen Ausgleich. Auch für unterwegs sind sie ein super gesunder und schmackhafter Snack.

- Lupinenschrot ca. 10 Minuten in heißem Wasser einweichen lassen und dann gründlich abspülen.
- Kokosmilch und Lupinenschrot in den Mixer geben und grob zerkleinern, sodass noch ein paar Stücke zurückbleiben. Nun Kokosraspeln, Lupinenmehl, Kräutersalz und Pfeffer hinzugeben und etwa 5–10 Minuten abkühlen lassen. Die Pfanne mit dem Kokosöl bestreichen, kleine Bratlinge formen und von jeder Seite ca. 5 Minuten goldbraun braten.

Tipp Die Kokosbratlinge schmecken auch super in einer süßen Variante, dafür einfach etwas Agavendicksaft in den Teig rühren oder beim Servieren darübergießen. So passen sie als Dessert zu Eis, Avocadocreme und Co.

30 Minuten

Für 2 Portionen

50 g Lupinenschrot
50 ml Kokosmilch
10 g Kokosraspeln
30 g Lupinenmehl
Kräutersalz
Pfeffer
1 TL Kokosöl

NÄHRWERTE

Brennwert: 137 kcal
Kohlenhydrate: 15 g
Fett: 13 g
Eiweiß: 15 g

Lauchsuppe

In größeren Mengen toll für eine Party

Natürlich darf eine Suppe in der Lupinenküche nicht fehlen! Sie wärmt wohltuend von innen und eignet sich auch hervorragend für größere Veranstaltungen und festliche Tage.

40 Minuten

Für 2 Portionen

25 g Cashewkerne
1 kleine Zwiebel
2 TL Olivenöl
½ Stange Lauch
60 g Lupinenschrot
500 ml Gemüsebrühe
Salz
Pfeffer
100 g Champignons

- Cashewkerne in etwas Wasser einweichen, währenddessen die Zwiebel in kleine Stücke schneiden und in einem Topf mit 1 TL Öl andünsten. Den Lauch in kleine Ringe schneiden und ebenfalls hinzugeben, leicht andünsten. Nun das Lupinenschrot zusammen mit der Gemüsebrühe hinzufügen und etwa 20 Minuten köcheln lassen.
- Cashewkerne abspülen, hinzugeben und alles zusammen pürieren und mit Salz und Pfeffer abschmecken.
- Zuletzt die Champignons in Scheiben schneiden, in einer Pfanne mit 1 TL Öl kurz anbraten und in die Suppe geben.

NÄHRWERTE

Brennwert: 300 kcal
Kohlenhydrate: 17 g
Fett: 17 g
Eiweiß: 19 g

Lupinese mit Zucchini-Nudeln und Parmesan

Italienische Küche wie bei La Mamma

Wieder eines meiner absoluten Lieblingsgerichte, die ich mit meiner Kindheit assoziiere! Die Lupinese ist die Lupinen-Alternative zur traditionellen Bolognese. Mit Zucchini-„Nudeln“ wird es ein geniales Low-Carb-Gericht.

- Für die „Nudeln“ die Zucchini mit einem Spiralschneider zu „Spaghetti“ schneiden oder mit einem Sparschäler zu rohen „Bandnudeln“ verarbeiten.
- Für die Soße das Lupinenschrot 15 Minuten in der Gemüsebrühe köcheln lassen und abgießen. Die Zwiebel in kleine Stücke schneiden, zum Schrot geben und leicht andünsten, bei Bedarf mit etwas Öl. Die Möhre raspeln und ebenfalls zum Dünsten hinzugeben. Die Pizzatomaten hinzugeben und nach Belieben mit Kräutern, Salz und Pfeffer abschmecken.
- Für den „Parmesan“ die beiden Zutaten in einem Mixer mahlen und über die Pasta streuen.

Tipp Statt der selbst gemachten „Nudeln“ aus Zucchini kann man natürlich auch Dinkelspaghetti o. Ä. nehmen. Somit wird aus dem ursprünglichen Low-Carb-Rezept eine High-Carb-Variante.

35 Minuten

Für 2 Portionen

Für die „Nudeln“

1 Zucchini

Für die Soße:

50 g Lupinenschrot
Gemüsebrühe
1 kleine Zwiebel
1 Möhre
1 Dose Pizzatomaten
Italienische Kräuter
Salz
Pfeffer

Für den „Parmesan“

30 g Lupinenschrot (alternativ den Rückstand von selbst gemachter Lupinenmilch, Rezept Seite 40
1 TL Hefeflocken

NÄHRWERTE
der Lupinese
Brennwert: 150 kcal
Kohlenhydrate: 15 g
Fett: 3 g
Eiweiß: 15 g

NÄHRWERTE
des „Parmesans“
Brennwert: 117 kcal
Kohlenhydrate: 10 g
Fett: 2 g
Eiweiß: 14 g

Chili con Lupine

Jetzt wird es feurig!

30 Minuten

Für 2 Portionen

50 g Lupinenschrot
Gemüsebrühe
200 g passierte Tomaten
100 g Kidneybohnen
½ Knoblauchzehe
1 Tomate
Chiliflocken
Basilikum
Salz
Pfeffer

Jeder, der gerne etwas schärfer isst, kann sich bei diesem Gericht richtig austoben. Die etwas milderen Genießer können die Chiliflocken zurückhaltender verwenden und sich auf die anderen Gewürze konzentrieren. Chili regt den Stoffwechsel an und zügelt den Appetit auf Süßes und bekämpft somit hervorragend den Heißhunger.

- Lupinenschrot ca. 15 Minuten in Gemüsebrühe köcheln lassen, dann abgießen und passierte Tomaten und Kidneybohnen hinzugeben. Den Knoblauch in einer Knoblauchpresse ausdrücken und ebenfalls hinzugeben. Alles zusammen ca. 10 Minuten köcheln lassen.
- Dann die Tomate in kleine Stücke schneiden, hinzugeben und nach Geschmack mit Chiliflocken, Basilikum, Salz und Pfeffer abschmecken.

NÄHRWERTE

Brennwert: 320 kcal
Kohlenhydrate: 35 g
Fett: 5 g
Eiweiß: 30 g

Kokos-Lupinen-Pfanne

Perfekt zum Reis

Kokosnussmilch ist eine meiner absoluten Lieblingszutaten, da sie wunderschön cremig ist und sich durch den leichten Kokosgeschmack wunderbar mit Curry kombinieren lässt. Dieses Rezept bietet Freiheit für Kreativität, denn ihr könnt viele Gemüsesorten verwenden. Auch Obst wie Mango oder Ananas passen hervorragend dazu.

- Lupinenschrot mit kochendem Wasser übergießen und ziehen lassen. Währenddessen das Gemüse klein schneiden und, bis auf die Tomaten, ca. 5 Minuten in Öl anbraten.
- Das Lupinenschrot nach 10 Minuten Einweichzeit gut abspülen und zum Gemüse hinzugeben. Mit Sojasoße ablöschen, Tomaten hinzugeben und Kokosnussmilch unterrühren. Alles zusammen weitere 10 Minuten köcheln lassen und mit der Paste und den Gewürzen abschmecken.
- Dazu passt Reis.

40 Minuten

Für 4 Portionen

130 g Lupinenschrot
1 große Zucchini
300 g Champignons
1 Paprika
2 Tomaten
1 EL Olivenöl
2 EL Sojasoße
400 ml Kokosnussmilch
Rote oder gelbe Currypaste
Salz
Pfeffer
Ingwerpulver

NÄHRWERTE

Brennwert: 384 kcal
Kohlenhydrate: 19,5 g
Fett: 24 g
Eiweiß: 19 g

Chiapancakes mit Guacamole

Eine etwas außergewöhnliche Kombination

30 Minuten

Für 2 Portionen

Für die Pancakes

100 g Lupinenmehl
20 g Chia-Samen
1 TL Backpulver
200 g Pflanzendrink
Salz
Italienische Kräuter
Olivenöl zum Braten

Für die Guacamole

1 Avocado
2 Tomaten
1/8 Limette
Salz
Cayennepfeffer
Paprikagewürz, rosenscharf
Pommes-frites-Gewürz
Italienische Kräuter

Durch den leicht nussigen Geschmack der Lupine eignet sie sich auch hervorragend für herzhafte Pancakes, welche eine tolle Alternative zu der sonst eher süßen Variante sind. Zusammen mit Guacamole erinnert das Gericht ein wenig an mexikanische Tortilla.

- Für die Pancakes Lupinenmehl, Chia-Samen und Backpulver in einer Schüssel vermischen. Den Pflanzendrink hinzugeben und alles zu einem glatten Teig verrühren. Je nach Konsistenz eventuell noch etwas Pflanzendrink oder Lupinenmehl hinzugeben. Den Teig mit Salz und Kräutern abschmecken. Öl in eine beschichtete Pfanne geben und die Pancakes bei mittlerer Hitze darin ausbacken.
- Für die Guacamole die Avocado in zwei Hälften teilen und den Kern entnehmen. Mit einem Löffel das Fruchtfleisch herauskratzen und in kleine Stücke schneiden, in einem Mixer zu Püree verarbeiten. Die Tomaten stückeln und unter das Avocadopüree rühren. Den Saft der Limette hinzugeben und mit Salz und den Gewürzen abschmecken.
- Die Pancakes und die Guacamole immer nacheinander zu zwei kleinen Türmchen stapeln und warm servieren.

NÄHRWERTE

Brennwert: 325 Kcal
Kohlenhydrate: 18 g
Fett: 20 g
Eiweiß: 25 g

Toskanabällchen

Ein schmackhafter Auflauf für die ganze Familie

Diese Toskanabällchen sind eine tolle Alternative zu klassischen Fleischbällchen und lassen sich perfekt in größeren Mengen für die ganze Familie an Festtagen zubereiten.

60 Minuten

Für 2 Portionen

50 g Cashewkerne
100 g Lupinenschrot
200 ml Gemüsebrühe
1 Zwiebel
1 Knoblauchzehe
1 TL Johannisbrotkernmehl
1–2 EL Lupinenmehl
Salz
Pfeffer
Thymian
Oregano
1 TL Olivenöl
1 Dose gehackte Tomaten
2 EL Tomatenmark
Italienische Kräuter

- Cashewkerne ca. 20 Minuten in Wasser einweichen.
- Lupinenschrot mit heißer Brühe übergießen und etwas abkühlen lassen, die Flüssigkeit wird dabei komplett aufgesogen. Klein gehackte Zwiebel und Knoblauchzehe, Johannisbrotkernmehl, Lupinenmehl und Gewürze mit dem Schrot vermengen und mit den Händen gut verkneten. Zwölf kleine, runde Bällchen formen und in heißem Öl rundherum anbraten.
- Backofen auf 200 °C Umluft vorheizen. Eingeweichte Cashewkerne mit ein wenig des Einweichwassers in den Mixer geben und cremig pürieren.
- Die Bällchen in eine Auflaufform geben, Tomaten unterrühren und mit etwas Tomatenmark und Italienischen Kräutern abschmecken. Mit der Cashewcreme bestreichen und dann für ca. 20 Minuten im Ofen garen.

Tipp Der deftige Geschmack der Toskanabällchen passt super zu Pellkartoffeln mit Erbsen und Möhren.

NÄHRWERTE

Brennwert: 395 kcal
Kohlenhydrate: 23 g
Fett: 20 g
Eiweiß: 28 g

Lupinenknödel

Nicht nur für schwäbische Knödelfans

Knödel sind ein wahrer Klassiker, wenn es um die deutsche Küche geht, und eine wichtige Beilage zu traditionellen Festtagsmenüs. Die Lupinenvariante verfügt über jede Menge vollwertiges Eiweiß, unterscheidet sich allerdings sonst nicht großartig vom Original.

25 Minuten

Für 8 Knödel

100 g Haferflocken
100 g Lupinenmehl
200 ml Pflanzendrink
1 kleine Zwiebel
1 TL Olivenöl
frische Petersilie
Salz
Pfeffer
1 Prise Muskat

- Haferflocken und Lupinenmehl in eine Schüssel geben und den Pflanzendrink hinzufügen. Die Zwiebel klein hacken, im Öl andünsten und ebenfalls in die Schüssel geben. Petersilie klein hacken und zusammen mit den Gewürzen hinzufügen.
- Die Masse vermengen und mit feuchten Händen acht Knödel formen, in leicht kochendem Wasser ungefähr 12 Minuten garen. Wenn die Knödel sich im Wasser drehen, sind sie fertig und können serviert werden.
- Diese Knödel passen super zu den Haferbratlingen von Seite 54 und werden zusammen mit etwas frischem Gemüse zu einem wahren Genuss.

Tipp Anstelle von Haferflocken kann man selbstverständlich auch eingeweichte Semmel nehmen, so wie es das klassische Knödelrezept vorsieht.

NÄHRWERTE

Brennwert: 110 kcal
Kohlenhydrate: 14 g
Fett: 3 g
Eiweiß: 7 g

Zucchini-Flammkuchenboden

Die Elsässer Spezialität mal anders

Dieser Flammkuchen ist ein Muss bei jeder Low-Carb-Kost! Der milde Geschmack der Zucchini passt sich hervorragend jedem Belag an: deftig mit Zwiebeln und veganer Wurst, frischem Gemüse oder klassisch mit Lauch und Pizzaschmelz. Und womit belegt ihr euren Flammkuchen?

60 Minuten

Für 1 Boden

1 Zucchini
50 g Lupinenmehl
2–3 EL Pflanzenquark
Oregano
Salz
Pfeffer

- Den Backofen auf 200 °C Umluft vorheizen. Die Zucchini raspeln und mit Lupinenmehl, 1 EL Pflanzenquark und den Gewürzen vermengen. Den Teig mit den Fingern oder einem Nudelholz auf einem mit Backpapier belegten Backblech glatt streichen bzw. ausrollen und 10 Minuten backen.
- Nun den Boden aus dem Ofen nehmen und mithilfe eines zweiten Backpapiers wenden, dabei den Teigboden mitsamt dem Backpapier anheben und kopfüber auf das andere Backpapier legen, das obere Backpapier vorsichtig abziehen.
- Mit dem restlichen Pflanzenquark bestreichen und nach Wunsch belegen. Dann weitere 20 Minuten im Ofen backen, bis der Rand goldbraun ist.

Tipp Besonders gerne esse ich den Zucchini-Flammkuchen mit Champignons, veganer Wurst oder Räuchertofu und frischen Zwiebeln.

NÄHRWERTE

Brennwert: 220 kcal
Kohlenhydrate: 10 g
Fett: 6 g
Eiweiß: 22 g

Dinkelpizzaboden

Fast wie das Original!

Dieses Pizzabodenrezept erinnert an das italienische Original, es ist ebenfalls aus Hefeteig gemacht. Das Gluten aus dem Dinkelmehl sorgt dafür, dass die Hefe gut arbeiten kann und der Boden seine typische Konsistenz bekommt.

60 Minuten + 2 Stunden Gehzeit

Für 2 Böden:

100 g Dinkelmehl
150 g Lupinenmehl
1 TL Oregano
1 TL Thymian
Salz
Pfeffer
1 TL Agavendicksaft
150 ml Wasser
1 Pk. Trockenhefe

- Dinkelmehl, Lupinenmehl und Gewürze vermengen.
- Den Agavendicksaft ins Wasser geben und verrühren. Dann die Trockenhefe hineingeben und warten, bis diese anfängt zu schäumen. Damit die Hefe auch wirklich schäumt, also mit der Hefe reagiert, sollte man immer eine neue Packung Trockenhefe nehmen und keine angebrochene. Das Schäumen ist ein hervorragender Test um zu schauen, ob die Hefe aufgehen wird.
- Dann das Hefewasser zu den trockenen Zutaten geben und zu einem festen Teig kneten. Sollte der Teig noch etwas pappen, ruhig ein wenig mehr Mehl hinzugeben. Den Teig in der Schüssel mit einem Küchentuch bedecken und 2 Stunden ziehen lassen.
- Backofen auf 200 °C Ober-/Unterhitze vorheizen. Nun wie gewohnt den Pizzateig auf einem mit Backpapier belegten Backblech ausrollen und nach Belieben belegen. 30 Minuten backen.

Tipp Sehr gerne belege ich diesen Pizzateig mit Peperoni, frischen Tomaten und veganem Käse.

NÄHRWERTE

Brennwert: 460 kcal
Kohlenhydrate: 65 g
Fett: 7 g
Eiweiß: 33 g

Linsenpizzaboden

Die glutenfreie Variante

Wer gerne auf Gluten verzichten möchte, ist bei diesem Pizzarezept richtig. Ihr könnt sowohl fertiges Linsenmehl verwenden als auch die Linsen selber in einem Mixer zu Mehl verarbeiten. Da es kein Hefeteig ist, der gehen muss, ist die Pizza besonders schnell zubereitet.

- Alle Zutaten miteinander vermengen und ca. 15 Minuten ruhen lassen.
- Backofen auf 150 °C Ober-/Unterhitze vorheizen. Zwei kleine Pizzen formen, auf ein mit Backpapier belegtes Blech legen und nach Belieben mit passierten Tomaten bestreichen und Gemüse belegen. Ich mag sie gerne mit Zucchini, Brokkoli und Champignons. Dann im Ofen 30 Minuten backen.

60 Minuten

Für 2 Portionen

100 g gemahlene rote Linsen (Linsenmehl)
150 g Lupinenmehl
1 EL Olivenöl
1 TL Salz
1 TL Oregano
ca. 200 ml Wasser

NÄHRWERTE

Brennwert: 460 kcal
Kohlenhydrate: 51 g
Fett: 9 g
Eiweiß: 40 g

Lupinenpfannkuchen mit Kartoffelgulasch

Pfannkuchen mal herzhaft

30 Minuten

Für 2 Portionen

Für das Gulasch

3 mittlere Kartoffeln
200 g grüne Bohnen
200 g passierte Tomaten
Grillgewürz
Salz
Pfeffer

Für die Pfannkuchen

100 g Lupinenmehl
2 TL Backpulver
1 TL Flohsamenschalen-pulver
200 ml Wasser
1 TL Kokosöl

Sowohl der klassische Pfannkuchen als auch das allseits beliebte Gulasch werden hier neu interpretiert – und zusammen ergeben sie eine völlig neue kulinarische Kreation.

- Für das Gulasch die Kartoffeln schälen, in grobe Würfel schneiden und 10 Minuten in etwas Salzwasser kochen lassen, aber nicht komplett garen. In der Zwischenzeit können die Pfannkuchen gebacken werden.
- Für die Pfannkuchen alle entsprechenden Zutaten vermengen, eine Pfanne mit Kokosöl einfetten und nacheinander zwei Pfannkuchen bei mittlerer Hitze von beiden Seiten goldbraun backen.
- Die angekochten, noch etwas festen Kartoffeln abgießen, grüne Bohnen und passierte Tomaten hinzugeben und ca. weitere 10 Minuten köcheln lassen. Nun mit den Gewürzen abschmecken und zusammen mit den Pfannkuchen servieren.

Tipp Wer keine gute beschichtete Pfanne oder oft Probleme beim Wenden von Pfannkuchen hat, kann die Pfanne mit einem Backpapier auslegen, dieses mit Kokosöl fetten (nicht den Pfannenboden) und den Pfannkuchen darauf backen. Dann geht auch das Wenden leichter (siehe Seite 15).

NÄHRWERTE

Brennwert: 420 kcal
Kohlenhydrate: 59 g
Fett: 7 g
Eiweiß: 28 g

Spinatquiche

Spezialität der französischen Küche

Wie Popeye immer schon sagte, enthält Spinat Nährstoffe, welche gut für den Muskelaufbau sind. Er ist reich an Eiweißen und enthält viele wichtige Mikronährstoffe wie Vitamin C und Eisen.

- Alle Teigzutaten vermengen und zu einem Mürbeteig verarbeiten, dann ca. 10 Minuten ruhen lassen.
- Backofen auf 200 °C Umluft vorheizen. Für den Belag Kichererbsen, Zwiebel, Knoblauchzehe, Tomatenmark und Gewürze zusammen im Mixer zu einem Mus verarbeiten. Den Spinat unterheben.
- Den Boden einer Springform (20 cm Durchmesser) mit Backpapier belegen und einfetten. Den Teig ausrollen, in die Form legen und bis zum Rand hochziehen. Das Kichererbsen-Spinat-Mus daraufgeben und etwa 30 Minuten backen.
- Die Tomaten in kleine Stücke schneiden, über die fertige Quiche geben und mit Hefeflocken bestreuen.

60 Minuten

Für 4 Portionen

Für den Teig

100 g Lupinenmehl
50 g Buchweizenmehl
50 g Kartoffelstärke
1 TL Backpulver
1 EL Olivenöl
1 TL Salz
300 ml Wasser

Für den Belag

300 g Babyspinat
200 g Kichererbsen (aus der Dose)
1 Zwiebel
1 Knoblauchzehe
3 EL Tomatenmark
Salz, Pfeffer
Oregano, Basilikum
2 Tomaten
Hefeflocken

NÄHRWERTE

Brennwert: 260 g
Kohlenhydrate: 35 g
Fett: 6 g
Eiweiß: 15 g

Lupinensushi

Mit Stäbchen essen!

Sushi ist eigentlich ein ganz klassisches High-Carb-Gericht, doch dank der Lupine ist auch eine kohlenhydratarme Variante möglich. Der Geschmack der Lupine passt perfekt zu den salzigen Noriblättern. Einrollen könnt ihr all eure Lieblingsgemüsesorten, mir schmecken Gurke und Avocado besonders gut.

30 Minuten + 2 Stunden einweichen

Für 2 Rollen

50 g Lupinenschrot
50 g Lupinenmehl
2 EL Reisessig
1 EL Sojasoße
Salz
2 EL Xylit (optional)
½ Gurke
2 Noriblätter

- Lupinenschrot mindestens 2 Stunden in Wasser einweichen und dieses zwischendurch zwei- bis dreimal austauschen.
- Nach den 2 Stunden das Wasser abschütten und das Lupinenmehl zum Schrot geben und umrühren, sodass eine zähe Masse entsteht. Eventuell noch 2–3 EL Wasser hinzugeben.
- Dann den Reisessig, Sojasoße und Salz hinzugeben und vermengen. Wer dem leicht bitteren Geschmack der Lupine etwas Süße entgegensetzen möchte, kann Xylit oder einen anderen Zuckerersatzstoff hinzugeben.
- Nun die Lupinenmasse auf je 2/3 eines Noriblattes verteilen. Die Gemüsegurke in lange Streifen schneiden und an den Rand vom Noriblatt auf den Lupinenreis legen. Nun das Ende mit der Gurke einklappen und somit Lupinenreis und Füllung reinrollen. Dazu wird keine Sushimatte benötigt – nur etwas Fingerspitzengefühl. Wer möchte, kann aber natürlich eine solche Matte zuhilfe nehmen.
- Das Ende des Noriblattes leicht anfeuchten, damit die Rolle zusammenhält. Nun mit einem angefeuchteten Messer kleine Röllchen abschneiden und mit Sojasoße servieren.

NÄHRWERTE

Brennwert: 213 kcal
Kohlenhydrate: 9,2 g
Fett: 4,4 g
Eiweiß: 22,6 g

Tipp Beim Aufkochen der Tofumasse gut rühren, damit diese nicht anbrennt. Zum Auspressen am besten ein Küchentuch verwenden, was ohne Weichspüler gewaschen worden ist.

Lupinentofu

Tofu ohne Soja? So geht's!

Jeder kennt ihn, den Tofu aus Soja. Doch da viele auf Soja verzichten möchten, habe ich lange nach einer Alternative auf Lupinenbasis gesucht und vieles ausprobiert. Hier kommt das Rezept! Jedoch erreicht der Lupinentofu nicht die Festigkeit eines Sojatofus und eignet sich deshalb eher für Salate oder Tomate mit Basilikum.

50 Minuten + 3 Stunden abtropfen + über Nacht einweichen

Für 1 Block:

200 g Lupinenmehl
1,5 l Wasser
1 TL Flohsamenschalenpulver
Salz

- In einer großen Schüssel das Lupinenmehl mit dem Wasser gut verrühren und über Nacht einweichen lassen, bis sich zwei Schichten gebildet haben und sich das Mehl unten abgesetzt hat. Von der oberen flüssigen Schicht vorsichtig ½ l Wasser abschöpfen und wegschütten oder in einem Smoothie weiterverarbeiten.
- Die restliche Flüssigkeit abschöpfen und in einem Topf zusammen mit ½ TL Flohsamenschalenpulver bei leichter Hitze aufkochen lassen, bis nach ca. 10 Minuten die Masse etwas angedickt ist.
- Nun die restliche Lupinenmasse hinzugeben und mit einem weiteren ½ TL Flohsamenschalenpulver köcheln lassen. Sollte die Masse etwas zu wässrig sein, kann noch etwas mehr Flohsamenschalenpulver hinzugegeben werden. Nach etwa 20 Minuten ist die Masse angedickt und kann vom Herd genommen werden.
- Eine große Schüssel oder Auflaufform mit einem Küchentuch auslegen, die Masse hineinfüllen und abkühlen lassen. Dann das Tuch über der Masse zusammenfalten und das restliche Wasser auspressen.
- Die Masse samt Tuch anschließend in ein Sieb geben und beschweren, damit weiteres Wasser abtropfen kann. Je länger man es abtropfen lässt, desto fester wird der Tofu.
- Nach dem Abtropfen kann der Tofu in eine rechteckige Vorratsdose gedrückt und herausgestülpt werden, damit er die klassische Tofu-Blockform annimmt.
- Der Tofu schmeckt super zu Tomate-Basilikum und kann sogar, in einer gut beschichteten Pfanne, leicht angebraten werden. Um den Tofu etwas zu würzen, kann man nach dem Aufkochen mit Curry, Nüssen, getrockneten Tomaten usw. experimentieren.

NÄHRWERTE

Brennwert: 720 kcal
Kohlenhydrate: 9 g
Fett: 12 g
Eiweiß: 40 g

Süßspeisen & Powersnacks

Dieses Kapitel ist genau richtig für alle Naschkatzen und Nachtischliebhaber! Ich esse selber wahnsinnig gerne Gebäck oder andere süße Verführungen. Und das Beste: Mit diesen Rezepten kann man gerne mal den inneren Schweinehund von der Leine lassen, denn jede dieser Köstlichkeiten ist frei von raffiniertem Zucker, stattdessen reich an Proteinen und wichtigen Nähr- und Vitalstoffen.

Kaiserschmarren

Österreich zu Gast in unserer Küche

Dieses Gericht esse ich nicht nur gerne zum Nachtisch, sondern manchmal darf es auch etwas mehr sein – und dann ist es genau das Richtige für ein opulentes Frühstück oder ein Abendessen. Besonders nach einem anstrengenden Arbeitstag kann einen dieser Kaiserschmarren den Abend versüßen.

30 Minuten

Für 2 Portionen

250 ml Pflanzendrink
50 g Dinkelmehl
50 g Lupinenmehl
½ Pk. Backpulver
1 getrocknete Dattel
1 TL Kokosöl
200 g Kirschen, entsteint
1 EL Agavendicksaft

- In einer Schüssel den Pflanzendrink, beide Mehlsorten und das Backpulver sowie eine klein gewürfelte Dattel mit dem Schneebesen verrühren.
- Das Öl in einer großen Pfanne erhitzen und den Teig hineingeben. Von unten anbacken lassen, dann mit einem Spatel oder Pfannenwender auseinanderziehen, wenden und weiter braten, bis der gewünschte Bräunungsgrad erreicht ist.
- Kirschen in einem Topf erhitzen und mit dem Agavendicksaft süßen. Zum Schmarren servieren.

Tipp Wenn ihr Flohsamenschalenpulver zu Hause habt, könnt ihr 1 Teelöffel zu den Kirschen geben, um diese etwas anzudicken.

NÄHRWERTE

Brennwert: 348 kcal
Kohlenhydrate: 46 g
Fett: 8 g
Eiweiß: 16 g

Crêpes

Herzhaft oder süß belegt – immer ein Genuss!

Diese Crêpes eignen sich hervorragend für tolle Backnachmittage mit der ganzen Familie. Jeder kann sich seinen Belag individuell zusammenstellen. Ich mag Crêpes besonders gerne mit frischen Erdbeeren und etwas Schokoladeneis.

- Alle Zutaten, bis auf das Olivenöl, vermengen und zu einem glatten Teig rühren.
- Eine beschichtete Pfanne mit Olivenöl einpinseln und auf mittlere Temperatur erhitzen. Den Teig portionsweise hineingeben und von beiden Seiten jeweils 3–4 Minuten goldbraun backen. Sollte der Teig in der Pfanne anpappen, kann man ihn durch die Zugabe von Mehl etwas dickflüssiger machen. Dann gelingt das Wenden einfacher.

Tipp Stilecht werden die Crêpes mit einem Crêpe-Maker gemacht. Auch das Backen im Ofen ist möglich (siehe auch Seite 15).

30 Minuten

Für 5 Crêpes

100 g Lupinenmehl
50 g Dinkelmehl
2 getrocknete Datteln
400 ml Pflanzendrink
2 TL Johannisbrotkernmehl
½ TL Flohsamenschalenpulver
½ TL Zimt
½ TL Bourbon-Vanille
1 Prise Salz
1 EL Olivenöl

NÄHRWERTE

Brennwert: 189 kcal
Kohlenhydrate: 21 g
Fett: 12 g
Eiweiß: 11 g

Orangenkekse

In der Weihnachtsbäckerei …

Egal ob Frühling, Sommer, Herbst oder Winter, ein tolles Keksrezept darf nie fehlen! Diese Kekse können wunderbar ausgestochen werden und halten sich super über einen längeren Zeitraum in der Keksdose. Besonders lecker schmecken sie jedoch ganz frisch aus dem Ofen!

30 Minuten + 60 Minuten ruhen lassen

Für 1 Blech

1 Orange
10 getrocknete Datteln
100 g Lupinenmehl
100 g zarte Haferflocken
1 TL Backpulver
1 Prise Salz
30 g Kokosöl

- Orange waschen und die Schale mit einer Reibe abreiben, dann die Orange auspressen. Die Datteln in dem Orangensaft ca. 10 Minuten einweichen lassen.
- Währenddessen Lupinenmehl, Haferflocken, Orangenschale, Backpulver und Salz vermengen.
- Datteln, Orangensaft und Kokosöl mit einem Mixer pürieren und zu den trockenen Zutaten geben. Alles zu einem festen Teig kneten und zu einer Rolle formen. Diese in Frischhaltefolie einwickeln und für etwa 1 Stunde im Kühlschrank ruhen lassen.
- Backofen auf 180 °C Umluft vorheizen. Etwas Mehl auf eine Arbeitsfläche geben und den Teig ausrollen. Kekse ausstechen und auf ein mit Backpapier belegtes Backblech geben. Diese dann ca. 10 Minuten backen.

NÄHRWERTE

für 1 Blech
Brennwert: 1160 kcal
Kohlenhydrate: 139 g
Fett: 45 g
Eiweiß: 56 g

Vanillekipferl

Mmmh, einfach nur lecker!

Dieses Rezept erinnert mich immer an die Weihnachtstage bei meinen Großeltern, dort gab es immer frische Vanillekipferl zum gemeinsamen Kartenspiel! Diese Variation ist mein absolutes Lieblingsrezept aus diesem Buch, denn die Kipferl enthalten keinen Zucker und nur sehr wenig Fett! Obwohl sie wie das Original schmecken, gleichen sie von den Nährwerten her eher einem Proteinriegel als einer Nascherei.

- Erythrit mit einem Mixer zu feinem Puder mahlen. Alle Zutaten zu einem Teig verkneten. In Frischhaltefolie einwickeln und für etwa 1 Stunde kalt stellen.
- Backofen auf 180 °C Umluft vorheizen. Aus dem Teig dünne Rollen formen, in etwa 5 cm lange Stücke schneiden und diese halbmondförmig zu Kipferln formen. Die Kipferl auf ein mit Backpapier belegtes Backblech legen und auf der mittleren Schiene etwa 5–10 Minuten backen. Sie sollten dabei nicht braun werden, da sie sonst austrocknen.
- Nach dem Abkühlen die Kipferl mit weiterem pulverisiertem Erythrit bestäuben.

30 Minuten + 60 Minuten ruhen lassen

Für 1 Blech

100 g Erythrit + etwas mehr zum Betreuen
200 g Lupinenmehl
50 g Kokosöl
50 g Vanille-Pflanzenjoghurt
Bourbon-Vanille

Tipp Diese Kipferl müssen nicht zwangsläufig gebacken werden, sondern können auch roh gegessen werden. Besonders lecker werden sie, wenn man sie über Nacht auf der Heizung trocknen lässt. Dadurch sind sie besonders zart und zerfallen auf der Zunge.

NÄHRWERTE

für 1 Blech

Brennwert: 1160 kcal
Kohlenhydrate: 71 g
Fett: 63 g
Eiweiß: 72 g

Bananenbrot

Eine tolle Alternative zum Kuchen

Für alle, die sehr viel unterwegs sind, ist dieses Bananenbrot ideal zum Mitnehmen. Am besten schmeckt es mir jedoch als Nachtisch mit warmen Beeren und einer Kugel Vanilleeis! Himmlisch …

2 Stunden

Für 1 kleines Brot
(ca. 5 Scheiben):

2 Bananen (ca. 200 g)
30 g Walnüsse
150 g Lupinenmehl
50 g Rosinen
1 Pk. Backpulver
1 Prise Salz
100 ml Pflanzendrink

- Den Ofen auf 180 °C Umluft vorheizen. Bananen mit einer Gabel zerdrücken und die Walnüsse grob hacken. Dann alle Zutaten zur Bananenmasse geben und gut verrühren.
- Eine Kastenform mit Backpapier auslegen und den Teig hineinfüllen. Das Brot ca. 70 Minuten bei 180 °C backen. Am besten mit einem Holzstäbchen testen, ob der Teig noch klebt. Falls ja, nochmal weitere 10 Minuten backen.

NÄHRWERTE
pro Scheibe
Brennwert: 225 kcal
Kohlenhydrate: 21 g
Fett: 9 g
Eiweiß: 14 g

Kirschkuchen

Getreidefrei und super saftig

Dieses Rezept ist komplett glutenfrei und verzichtet auf jegliche Form von Getreide – dabei schmeckt es einfach nur großartig! Besonders zu Festlichkeiten sollte dieser Kuchen nicht fehlen, denn da kann wirklich jeder zugreifen: egal ob Veganer, Sportler, Leute, die sich gesund ernähren wollen oder auf Diät sind.

- Den Backofen auf 180 °C Ober-/Unterhitze vorheizen. Alle trockenen Zutaten in eine Schüssel geben und vermengen.
- Die Banane mit einem Mixer zu Brei verarbeiten und zusammen mit dem Wasser und dem Agavendicksaft zu den Trockenzutaten geben.
- Das Kokosöl im Wasserbad schmelzen, unterrühren und alles zu einem Teig verarbeiten. Diesen nun in eine gefettete Springform (28 cm Durchmesser) geben und mit den Kirschen belegen. Den Kuchen ca. 60 min backen.

75 Minuten

Für 8 Stücke

200 g Lupinenmehl
50 g Kakaopulver
1 TL Cayennepfeffer
1 Pk. Backpulver
1 Banane
250 ml Wasser
100 g Agavendicksaft
30 g Kokosöl
300 g Kirschen, entsteint

NÄHRWERTE

Brennwert: 207 kcal
Kohlenhydrate: 25 g
Fett: 7 g
Eiweiß: 10 g

Schokomuffins

Kleine, aber feine Köstlichkeit ohne Zucker

Wer mag sie nicht, die guten alten Sckokomuffins? Diese Variation ist eine tolle und gesunde Alternative, sodass ihr hier ruhig noch ein zweites oder drittes Mal zugreifen könnt!

40 Minuten

Für 12 Stück

1 Banane
125 g Lupinenmehl
50 g Xylit
25 g Kakaopulver
40 g Schokodrops mit Xylit
1 Pk. Backpulver
150 ml Mineralwasser (mit Kohlensäure)

- Den Backofen auf 180 °C Umluft vorheizen.
- Die Banane mit einer Gabel zerdrücken und mit den restlichen Zutaten vermengen.
- Den Teig in 12 eingefettete Muffinförmchen geben und ca. 25 Minuten backen.

Tipp Anstelle von Xylit kann auch ein anderer Zuckerersatzstoff verwendet werden, z. B. Erythrit oder Stevia. Wer keine zuckerfreien Schokodrops zu Hause hat, kann auch Zartbitterschokolade o. Ä. verwenden.

NÄHRWERTE

Brennwert: 81 kcal
Kohlenhydrate: 3,1 g
Fett: 2,6 g
Eiweiß: 4,8 g

Kokos-Himbeer-Muffins

Herrlich saftig-fruchtige Muffins

Für mich passen diese Muffins perfekt in den Sommer und sind ein super Snack für einen Cocktailabend unter Freunden. Für alle Kokosfans ist dieses Rezept genau das Richtige, die Himbeeren geben den Muffins einen tollen fruchtig, frischen Geschmack.

45 Minuten

Für 12 Stück

5 getrocknete Datteln
170 ml Pflanzendrink
2 Bananen
150 g Lupinenmehl
50 g Kokosmehl
50 g Kokosöl
1 Pk. Backpulver
100 g TK-Himbeeren

- Den Ofen auf 180 °C Ober-/Unterhitze vorheizen. Die Datteln ca. 10 Minuten im Pflanzendrink einweichen und dann zusammen mit den Bananen in einem Mixer pürieren.
- Nun alle restlichen Zutaten hinzufügen und alles zu einem Teig vermengen. In 12 kleine eingefettete Muffinförmchen füllen. In den vorgeheizten Ofen geben und 20–25 Minuten backen. Am Ende der Backzeit mit einem Holzstäbchen in einen Muffin stechen, um zu testen, ob sie fertig sind. Wenn nach dem Herausziehen etwas Teig kleben bleibt, brauchen die Muffins noch ein paar Minuten länger im Ofen.

Tipp Statt TK-Himbeeren kann man natürlich auch frische nehmen.

NÄHRWERTE

Brennwert: 123 kcal
Kohlenhydrate: 12 g
Fett: 5 g
Eiweiß: 6 g

Tassenkuchen

Einfach – schnell – lecker

10 Minuten

Für 1 Portion

½ Banane
45 ml Mineralwasser (mit Kohlensäure)
30 g Lupinenmehl
15 g Haferflocken
15 g gehackte Haselnüsse
½ TL Backpulver
10 g Erythrit
1 TL Kokosöl

Wenn es mal schnell gehen muss oder man spontan Lust auf einen kleinen Nachtisch hat, ist dieser Kuchen einfach genial! Ihr könnt ihn natürlich auch auf sämtliche Art und Weisen variieren. Sehr gerne esse ich ihn beispielsweise auch mit ein paar Johannisbeeren und Schokodrops anstelle der Haselnüsse.

- Die Banane zusammen mit dem Mineralwasser mixen.
- Das Kokosöl in eine mikrowellengeeignete Tasse geben und innerhalb weniger Sekunden in der Mikrowelle schmelzen. Dann die restlichen Zutaten hinzufügen und vermengen und bei 600 Watt 3 Minuten in der Mikrowelle garen.

NÄHRWERTE

Brennwert: 412 kcal
Kohlenhydrate: 34,5 g
Fett: 19,6 g
Eiweiß: 16,3 g

Cookies

Typisch amerikanische Cookies

Dieses Rezept ist super schnell zu machen und benötigt nur wenige Zutaten. Die Cookies erinnern an die amerikanischen Cookies und stellen eine tolle eiweißreiche Alternative dar. Das Erythrit verleiht ihnen eine angenehme Süße und bringt den Lupinengeschmack zur Geltung.

30 Minuten

Für 6 Stück

100 g Lupinenmehl
50 g Schokodrops mit Xylit
100 g Erythrit
1 TL Backpulver
100 ml Wasser

- Backofen auf 200 °C Umluft vorheizen.
- Alle Zutaten miteinander vermengen und mit leicht angefeuchteten Händen sechs Cookies auf einem Backblech formen.
- Diese ca. 15 Minuten goldbraun backen.

NÄHRWERTE

Brennwert: 106 kcal
Kohlenhydrate: 2 g
Fett: 4 g
Eiweiß: 7 g

Süßes Nigiri

Japanische Verführung mit Obst und Schokosoße

Jeder kennt bestimmt Nigiri mit Reis und Gemüse aus Japan? Dieses hier ist eine vollkommen andere Kreation und eher etwas für Naschkatzen. Ein toller Hingucker für die nächste Party oder das nächste Buffet!

20 Minuten + Zubereitungszeit des Reises

Für 8 Stück

Für die Nocken

75 g Vollkornreis
50 g Lupinenmehl
2 EL Agavendicksaft
1 Prise Salz
50–100 g Obst nach Wahl

Für die Schokoladensoße

¼ Banane
25 ml Pflanzendrink
½ TL Kakaopulver

- Für das Nigiri Vollkornreis nach Packungsanweisung gut durchkochen (er kann ruhig etwas „matschig" sein), dann Lupinenmehl, Agavendicksaft und Salz hinzugeben. Nun müsste eine klebrige Masse entstanden sein, gegebenenfalls noch etwas Wasser hinzugeben. Diese Masse in etwa acht kleine längliche Nocken formen.
- Obst in Scheiben schneiden und die Nocken damit belegen.
- Für die Soße Banane, Pflanzendrink und Kakaopulver in einem Mixer pürieren und zum Nigiri servieren.

Tipp Besonders gerne mag ich dazu frische Erdbeeren, Kiwi und Banane.

NÄHRWERTE

Brennwert: 79 kcal
Kohlenhydrate: 14 g
Fett: 1 g
Eiweiß: 3 g

Lupineneiscreme

Perfekt an warmen Sommertagen

Super schnell und easy! Diese Eiscreme muss nicht extra ins Tiefkühlfach, wenn man bereits gefrorenes Obst verwendet. Ihr könnt beim Obst nach Lust und Laune variieren und eigene Kreationen erfinden. Banane und Erdbeere schmeckt beispielweise super zusammen, oder wie wäre es mit Kirsche und Schokostückchen?

- Alle Zutaten in einem Mixer zerkleinern – dabei das TK-Obst gefroren verwenden – und zu cremigem Eis verarbeiten. Sollte das Obst bereits angetaut sein, kann man das fertige Eis noch einmal für 30 Minuten ins Gefrierfach stellen.

15 Minuten (evtl. + 30 Minuten gefrieren)

Für 2 Portionen

100 g TK-Obst nach Wahl
20 g Lupinenmehl
4 getrocknete Datteln
10 g Agavendicksaft
75 ml Wasser

NÄHRWERTE

Brennwert: 105 kcal
Kohlenhydrate: 19 g
Fett: 1 g
Eiweiß: 4 g

Erdnusspralinen

Eine süße Verführung – voller gesunder Fette

10 Minuten + 60 Minuten kalt stellen

Für 8 Stück

50 g Lupinenmehl
25 g Erdnussbutter (ungesüßt)
15 g Xylit
50 ml Wasser
10 g gehackte Mandeln

Wenn man erst einmal angefangen hat, diese tollen Kügelchen zu naschen, fällt es absolut schwer, wieder damit aufzuhören. Sie sind klasse für den kleinen Hunger zwischendurch oder eine tolle Nascherei für den nächsten Abend mit Freunden. Die Erdnussbutter enthält viele einfach ungesättigte Fettsäuren, Vitamin E, Vitamin B_3 und Protein und schmeckt dabei absolut lecker!

- Alle Zutaten, bis auf die Mandeln, vermengen und mit angefeuchteten Händen zu kleinen Pralinen formen.
- Diese in den gehackten Mandeln wenden und im Kühlschrank 1–2 Stunden kalt stellen.

NÄHRWERTE

Brennwert: 48 kcal
Kohlenhydrate: 1,2 g
Fett: 2,7 g
Eiweiß: 3,6 g

Lupinen-Schoko-Riegel

Wunderbar auch als Snack für unterwegs

Diese Riegel enthalten gute Kohlenhydrate aus der Dattel, vollwertiges Eiweiß aus der Lupine und dazu noch gute Fette aus Kokosöl und Chia-Samen. Daher sind sie der perfekte Begleiter für den Sport.

- Datteln etwa 10 Minuten in Wasser einweichen. Dann so viel abgießen, dass etwa 50 ml Wasser übrig bleiben.
- Das Kokosöl im Wasserbad schmelzen und den Großteil – etwa 1–2 TL Kokosöl zurückbehalten – mit den restlichen Zutaten (bis auf die Kokosflocken) vermengen. Die Masse zu sechs Riegeln formen.
- Das zurückbehaltene Kokosöl zusammen mit einer Messerspitze Kakao vermengen, über die Riegel geben und mit etwas Kokosflocken bestreuen.
- Etwa 30 Minuten im Tiefkühlfach gefrieren lassen.

Tipp Die Riegel lassen sich super im Gefrierfach aufbewahren.

20 Minuten + 30 Minuten gefrieren

Für 6 Stück

12 getrocknete Datteln
30 g Kokosöl
100 g Lupinenmehl
20 g Chia-Samen
10 g Kakaopulver
5 g Kokosflocken

NÄHRWERTE

Brennwert: 163 kcal
Kohlenhydrate: 17 g
Fett: 7 g
Eiweiß: 7 g

Amerikaner

Bei Groß und Klein immer schon beliebt

60 Minuten + 30 Minuten abkühlen lassen

Für 8 Stück

Für den Teig

- 100 g Pflanzenjoghurt
- 150 g Erythrit
- 1 TL Bourbon-Vanille
- 1 Prise Salz
- 2 Ei-Ersatz (für Vollei)
- 1 Pk. Puddingpulver, Vanille
- 3 EL Pflanzendrink
- 130 g Lupinenmehl
- 3 TL Backpulver
- 50 g Kokosmehl

Für die Glasur

- 100 g Erythrit
- 2 EL Wasser

Ein absoluter Partyknüller! Egal wohin ich die Amerikaner mitbringe, sie sind innerhalb weniger Minuten komplett verputzt. Sie schmecken noch saftiger als die herkömmliche Variante. Das Lupinenmehl sorgt für eine feste Konsistenz und verwandelt dieses Gebäck in einen Top-Eiweißlieferanten.

- Backofen auf 180 °C Umluft vorheizen.
- Pflanzenjoghurt, Erythrit, Vanille und Salz vermischen. Ei-Ersatz unterrühren.
- Puddingpulver mit Pflanzendrink vermischen und in die Joghurtmasse einrühren. Lupinenmehl mit Backpulver und Kokosmehl ebenfalls unterrühren.
- Mit angefeuchteten Händen kleine Häufchen formen, auf ein mit Backpapier belegtes Blech setzen und platt drücken. Im Ofen etwa 20 Minuten lang backen. Amerikaner etwas abkühlen lassen.
- Erythrit im Mixer zu Pulver mahlen, mit dem Wasser vermischen und die Amerikaner damit bestreichen. Vor dem Servieren etwas trocknen lassen.

NÄHRWERTE

Brennwert: 135 kcal
Kohlenhydrate: 14,8 g
Fett: 3 g
Eiweiß: 11,4 g

Knabberlupinen

Leckere, gesunde Alternative zu Chips und Co.

Ihr kennt es bestimmt, man sitzt gemütlich vor dem Fernseher und hat spontan Lust auf etwas zum Knabbern. Da ist dieses Rezept der perfekte Begleiter für jeden DVD-Abend! Ihr könnt die Knabberlupinen aber auch über einen Salat streuen oder für zwischendurch als kleinen Snack mitnehmen.

50 Minuten

Für 4 Portionen

1 Glas Lupinenkerne (550 g Abtropfgewicht)
1 TL Olivenöl
1 TL Knoblauchpulver
½ TL Cayennepfeffer
½ Salz
1 TL Paprikagewürz

- Den Ofen auf 180 °C Ober-/Unterhitze vorheizen. Lupinen aus dem Glas gut abspülen und mit einem Geschirrtuch abtrocknen. Wer die harte Schale nicht mag, sollte diese zunächst entfernen. Ein Backblech mit Backpapier belegen, die Lupinen darauf verteilen und 30 Minuten rösten. Dabei alle 10 Minuten durch Schütteln des Backbleches wenden.
- Abgekühlte Kerne in eine Schüssel geben und in Olivenöl wenden, sodass sie mit einem leichten Ölfilm überzogen werden. Gewürze hinzugeben und die Kerne darin schwenken.

NÄHRWERTE

Brennwert: 181 kcal
Kohlenhydrate: 11 g
Fett: 8 g
Eiweiß: 21 g

Service

Empfehlungen

Blogs

www.veliz.de/blog
Blog der Autorin Elisa Epping, dort findet man einige proteinreiche und natürlich vegane Rezepte.

www.laufvernarrt.de
Ein Blog rund um das Thema Laufsport, Krafttraining und vollwertige Ernährung. Die Bloggerin Paula ist erfolgreiche Marathonläuferin und motiviert mit ihren Beiträgen zu einem gesünderen und sportreicheren Leben.

www.bevegt.de
Das Bloggerpärchen Daniel und Katrin stellen auf ihrem Blog viele Fitnessrezepte vor, welche komplett frei von tierischen Zutaten sind und geben Tipps rund um die Sporternährung.

blog.vegan-supplements.de
Dies ist der Blog des Internetshops „vegan-supplements“ und präsentiert viele einfallsreiche, vegane Fitnessrezepte.

healthvegangirl.wordpress.com
Auf diesem Blog beschreibt Nina mit Herz und Seele ihren Fitnesslifestyle rund um Ernährung und Sport.

Shops

Lupinenbackmischungen und Mehl:
www.veliz.eu/shop
www.matchnmore.de

Viele verschiedene Mehlsorten, Supplemente und Zuckerersatzstoffe:
www.vegan-supplements.de

Glutenfreie und Low-Carb-Backmischungen sowie Lupinenmehl:
www.erdschwalbe.de

Zuckeraustauschstoffe:
www.xucker.de

DANKESCHÖN

Ich möchte an dieser Stelle herzlich **Frau Munk** und **Frau Seibel** vom Verlag Eugen Ulmer für die tolle Zusammenarbeit danken und **Frau Schaldach** für die klasse Fotos! Danke!

Chili con Lupine, Rezept auf Seite 66

Buchtipps

Brazier, Brendan: Vegan in Topform. Der vegane Ernährungsratgeber für Höchstleistungen in Sport und Alltag, Unimedica ein Imprint des Narayana Verlags, 5. Aufl. 2014. Ernährungs- und Rezepttipps eines Ironman.

Mangiameli, Franca und Lemberger, Heike: Low-carb vegan. 40 Rezepte ohne tierische Lebensmittel, Systemed Verlag, 3. Aufl. 2013. Vielseitige und einfallsreiche Low-Carb Gerichte.

Vegetarierbund Deutschland e. V. (Vebu): vegan low carb. Neunzehn-Verlag 2015. Viele Rezepte rund um die vegane Low-Carb-Küche.

Campbell, T. Colin und Campbell, Thomas M.: China Study. Die wissenschaftliche Begründung für eine vegane Ernährungsweise. Verlag Systemische Medizin, 2. Aufl. 2011. Die „vegane Bibel" liefert ein fundiertes Wissen über die vegane Ernährung.

Lechner, Julia und Teichmann, Anton: High Carb Vegan. Die gesunde Low Fat Küche. Verlag Eugen Ulmer 2016. Alles rund um die High-Carb-Küche.

Pfleger, Lisa: Vegan Homemade. Meine Grundrezepte für Tofu, Seitan, Pflanzenmilch, Käse, Nudeln und Co. Verlag Eugen Ulmer 2015. Viele tolle selbst gemachte vegane Gerichte.

Bildquellen

Alle Rezeptfotos und das Titelfoto stammen von Nileen Marie Schaldach (www.schaetzeausmeiner-kueche.de).
Tommy Atthi/Shutterstock.com: S. 2, (11, 51, 91), mauritius images: S. 5, StockFood/Major, Tanja: S. 7, Natalia Mylova/Shutterstock.com: S. 9, Hans Frense (www.hjf.photo): Porträt Elisa Epping: hintere Umschlagseite (außen), Pavel_D/Shutterstock.com: vordere Umschlagseite (innen links), DarZel/Shutterstock.com: vordere Umschlagseite (innen rechts, links), Nok Lek/Shutterstock.com: vordere Umschlagseite (innen rechts, kukuruxa/Shutterstock.com: vordere Umschlagseite (innen rechts, rechts), Natalia Mylova/Shutterstock.com: hintere Umschlagseite (innen links), keldridge/Shutterstok.com: hintere Umschlagseite (innen rechts).

Schnell nachgeschlagen

K

L

M

N

O

P

R

S

T

V

X

Z

HAFTUNGSAUSSCHLUSS

Die in diesem Buch enthaltenen Empfehlungen und Angaben sind von der Autorin mit größter Sorgfalt zusammengestellt und geprüft worden. Eine Garantie für die Richtigkeit der Angaben kann aber nicht gegeben werden. Autorin und Verlag übernehmen keine Haftung für Schäden und Unfälle. Bitte setzen Sie bei der Anwendung der in diesem Buch enthaltenen Empfehlungen Ihr persönliches Urteilsvermögen ein. Der Verlag Eugen Ulmer ist nicht verantwortlich für die Inhalte der im Buch genannten Websites.

Bibliografische Information der Deutschen Nationalbibliothek
Die Deutsche Nationalbibliothek verzeichnet diese Publikation in der Deutschen Nationalbibliografie; detaillierte bibliografische Daten sind im Internet über http://dnb.d-nb.de abrufbar.

Wollgrasweg 41, 70599 Stuttgart (Hohenheim)
E-Mail: info@ulmer.de
Internet: www.ulmer-verlag.de
Lektorat: Antje Krause, Antje Munk, Lisa Seibel
Herstellung: Isabell Scherrieble
Umschlagentwurf: Verlag Eugen Ulmer
Satz: red.sign, Susanne Junker, Stuttgart
Reproduktion: timeRay, Herrenberg
Druck und Bindung: Westermann Druck, Zwickau
Printed in Germany

ISBN 978-3-8001-3399-4